Ilios Kotsou

Caderno de exercícios de
atenção plena

Ilustrações de Jean Augagneur

Tradução de Stephania Matousek

Editora Vozes

Petrópolis

© Éditions Jouvence, 2012
Chemin du Guillon 20
Case 143
CH-1233 — Bernex
http://www.editions-jouvence.com
info@editions-jouvence.com

Tradução do original em francês intitulado *Petit cahier d'exercices de pleine conscience*

Direitos de publicação em língua portuguesa — Brasil: 2015, Editora Vozes Ltda.
Rua Frei Luís, 100
25689-900 Petrópolis, RJ
www.vozes.com.br
Brasil

Todos os direitos reservados. Nenhuma parte desta obra poderá ser reproduzida ou transmitida por qualquer forma e/ou quaisquer meios (eletrônico ou mecânico, incluindo fotocópia e gravação) ou arquivada em qualquer sistema ou banco de dados sem permissão escrita da editora.

CONSELHO EDITORIAL

Diretor
Volney J. Berkenbrock

Editores
Aline dos Santos Carneiro
Edrian Josué Pasini
Marilac Loraine Oleniki
Welder Lancieri Marchini

Conselheiros
Elói Dionísio Piva
Francisco Morás
Gilberto Gonçalves Garcia
Ludovico Garmus
Teobaldo Heidemann

Secretário executivo
Leonardo A.R.T. dos Santos

Editoração: Gleisse Dias dos Reis Chies
Projeto Gráfico: Éditions Jouvence
Arte-finalização: Sheilandre Desenv. Gráfico
Capa/Ilustrações: Jean Augagneur
Arte-finalização: Editora Vozes

PRODUÇÃO EDITORIAL

Aline L.R. de Barros
Eric Parrot
Jailson Scota
Marcelo Telles
Mirela de Oliveira
Natália França
Otaviano M. Cunha
Priscilla A.F. Alves
Rafael de Oliveira
Samuel Rezende
Vanessa Luz
Verônica M. Guedes

ISBN 978-85-326-5089-4 (Brasil)

ISBN 978-2-88911-282-1 (Suíça)

Este livro foi composto e impresso pela Editora Vozes Ltda.

Dados Internacionais de Catalogação na Publicação (CIP)
(Câmara Brasileira do Livro, SP, Brasil)

Kotsou, Ilios
    Caderno de exercícios de atenção plena / Ilios Kotsou ; ilustrações Jean Augagneur ; tradução Stephania Matousek. — Petrópolis, RJ : Vozes, 2017. — (Coleção Cadernos: Praticando o Bem-estar)
    Título original : Petit cahier d'exercices de pleine conscience
    Bibliografia.

    11ª reimpressão, 2025.

    ISBN 978-85-326-5089-4
    1. Atenção plena 2. Autorrealização 3. Meditação
I. Augagneur, Jean. II. Título. III. Série.

15-06227   CDD-158.12

Índices para catálogo sistemático:
1. Atenção Plena : Meditação : Psicologia Aplicada   155.12

Introdução

Na escala da história da humanidade, nossa vida é uma aventura que, se olharmos bem, é relativamente curta: algumas dezenas de anos ou, no máximo, uma centena.

Para a maioria de nós, a vida constitui um enigma. Ao sabor das etapas do nosso caminho, as perguntas surgem aos montes: Como foi que eu cheguei até aqui? A vida tem algum sentido? Quando irei desta para melhor e o que haverá depois?

Nesta introdução, gostaria de lhe fazer uma pergunta completamente diferente: Quando será que a sua vida começou ou começará para valer? Como não esperar chegar perto do fim (ou ver os entes queridos partirem) para começar a gostar dela, apesar de haver circunstâncias exteriores que nem sempre podemos controlar?

A atenção plena é uma ferramenta que, nesse âmbito, pode realmente mudar a sua vida.

Gostaria de avisar logo de início que aqui não se trata de aprender a utilizar uma varinha mágica para fazer todas as coisas desagradáveis que nos cercam desaparecerem. O desafio da atenção plena é justamente que você aprenda a se desvencilhar do hábito, profundamente impregnado em nós, de analisar e categorizar os acontecimentos como "bons" ou "ruins".

Este caderno de exercícios de atenção plena tem como ambição ensinar você a apreciar o melhor da vida, aconteça o que acontecer, dando pausa, durante alguns instantes (os quais você pode prolongar como quiser), nas suas extraordinárias capacidades mentais de análise, comparação, categorização e avaliação, no intuito de simplesmente viver o momento presente.

Gravamos várias meditações guiadas para orientar os seus primeiros passos. Você pode baixá-las de graça no site www.pleineconscience.be[1]. Elas estão indicadas no livro através do ícone " ⌨ ".

Boa viagem!

---

1. Em francês [N.T.].

O que é atenção plena para você?

5

> *"A única coisa que podemos viver são instantes.*
> Jon Kabat-Zinn

O que é atenção plena?

A expressão "atenção plena" (também chamada de "meditação de atenção plena" ou "**mindfulness**", em inglês) é um estado de consciência que se cria quando a pessoa presta atenção no momento presente. É uma maneira de ter a mente aberta com relação à nossa experiência, do jeito que ela se apresenta a nós, a cada instante.

Segundo Jon Kabat-Zinn[2], viver com atenção plena é abraçar toda a riqueza da sua própria vida, encontrando nela um espaço para crescer tanto em termos de força quanto de sabedoria.

Nossa educação, nossos condicionamentos e certos automatismos nos levam a nos debater quando a vida se mostra difícil e a não (ou nem sempre) saboreá-la quando ela se mostra agradável. Além disso, nosso poderoso cérebro (máquina de pensar) frequentemente nos leva para longe de onde estamos (para o passado ou o futuro). Resultado: muitas

---

2. Jon Kabat-Zinn é professor emérito na Faculdade de Medicina da Universidade de Massachusetts. Ele realizou estudos que formalizaram e divulgaram a atenção plena no universo médico e científico.

vezes ficamos alheios à nossa própria vida.

A atenção plena propõe que nós dominemos, etapa por etapa, a nossa capacidade de prestar atenção e nos reconectemos com todos os nossos sentidos.

O primeiro passo é aprender a parar. Estamos muito pouco acostumados a fazer pausas, pois estamos constantemente envolvidos em atividades e invadidos por pensamentos automáticos.

Exercício 1: Parar

Pare de ler após este parágrafo e observe a sua experiência no aqui e agora. Qual é a textura do papel que você está segurando? A espessura? A flexibilidade? Observe os contornos, a forma e a cor deste caderno... Que barulho ele produz quando você vira uma página? Qual é o cheiro do papel? Quais são os pensamentos que estão passando pela sua cabeça neste exato momento? Como você está se sentindo?

Meu total de pontos em atenção plena

Responda ao pequeno questionário[3] a seguir, pensando na maneira como você costuma reagir na sua vida. Através de uma escala que vai de 1 (quase sempre) a 6 (quase nunca), indique a frequência com a qual você vive cada uma das experiências citadas. Some os pontos e divida-os por 9. Você obterá uma nota de 0 a 10, que representa a sua predisposição à atenção plena. Quanto maior a nota, maior a predisposição.

	1	2	3	4	5	6
Acontece de eu sentir uma emoção e só tomar consciência dela após um certo tempo.						
Costumo quebrar ou derrubar as coisas porque sou distraído(a) ou estou pensando em outra coisa.						
Tenho dificuldade em ficar concentrado(a) no que está acontecendo no presente.						
Tenho tendência a andar rápido para chegar aonde estou indo, sem prestar atenção no que acontece durante o trajeto.						

---

3. JERMANN, F.; BILLIEUX, J.; LARØI, F.; D'ARGEMBEAU, A.; BONDOLFI, G.; ZERMATTEN, A. et al. "Mindful Attention Awareness Scale (MAAS): Psychometric Properties of the French Translation and Exploration of its Relations with Emotion Regulation Strategies". *Psychological Assessment*, 21 (4), 2009, p. 506-514.

	1	2	3	4	5	6
Tenho tendência a não perceber sensações de tensão física ou desconforto até elas realmente chamarem a minha atenção.						
Esqueço o nome de uma pessoa quase imediatamente após tê-lo ouvido pela primeira vez.						
Tenho a impressão de que eu funciono "no modo automático", sem estar muito consciente do que estou fazendo.						
Costumo fazer as coisas de forma muito rápida, sem realmente prestar atenção nelas.						
Fico tão focalizado(a) no objetivo que quero alcançar que acabo perdendo de vista o que estou fazendo para alcançá-lo.						
Costumo realizar trabalhos ou tarefas de maneira automática, sem me dar conta do que estou fazendo.						
Eu me pego escutando alguém distraidamente enquanto estou fazendo outra coisa.						
Dirijo o carro "no piloto automático" e fico espantado(a) por ter chegado aonde cheguei.						
Fico preocupado(a) com o futuro ou o passado.						
Eu me pego fazendo as coisas sem prestar atenção.						
Costumo beliscar sem perceber que estou comendo.						
Total						
Total	......../ 9 = ...					

9

> *"Deus sempre nos visita, mas, na maior parte do tempo, não estamos em casa..."*
> Mestre Eckhart

Conscientizar-se da sua ausência

Na maior parte do tempo, funcionamos de maneira mecânica, automática, sem estarmos realmente conscientes da experiência que estamos vivendo. Este funcionamento automático provoca grandes consequências na nossa qualidade de vida, tanto nos momentos difíceis quanto nos agradáveis.

Por causa desta inconsciência crônica, corremos o risco de desperdiçar a nossa vida, pois ficamos desconectados de tudo o que é essencial. Quantas vezes, durante o dia, não somos arrebatados por pensamentos que, na realidade, não controlamos?

Exercício 2

Faça uma lista de todas as atividades que você fez desde a hora em que acordou até agora. Quantas delas você pode dizer que realizou estando realmente consciente e efetivamente presente (sem pensar em outra coisa)? Você consegue avaliar em que medida a sua presença foi verdadeira e o que você fez (ou pensou) ao mesmo tempo?

Atividade	% de presença na atividade	O que você estava fazendo ao mesmo tempo?
Levantar-me da cama	5%	Planejando o meu dia
Tomar café da manhã	15%	Sonhando, lendo o jornal...
Preparar a mochila das crianças	50%	Reclamando, olhando o relógio...

Pequeno teste sobre a meditação de atenção plena

	Verdadeiro	Falso
Para meditar com atenção plena, é preciso parar de pensar.	☐	☐
Meditar é se deixar levar pelas suas divagações.	☐	☐
Meditar é refletir demoradamente.	☐	☐
A meditação tem como objetivo relaxar a pessoa após um dia cansativo.	☐	☐
A meditação de atenção plena é uma prática religiosa.	☐	☐
O objetivo da meditação é eliminar os pensamentos desagradáveis.	☐	☐
A meditação é uma prática voltada exclusivamente para a própria pessoa.	☐	☐
É preciso ter acessórios (incenso, almofada de meditação) para meditar bem.	☐	☐
Só conseguimos meditar quando estamos calmos.	☐	☐
Meditar significa mexer e remexer os seus pensamentos completamente.	☐	☐

Resposta: 1 a 10: falso. É uma lista de ideias prontas sobre a atenção plena.

A atenção plena é uma questão de treino

A atenção plena é um modo de se relacionar consigo mesmo e com o mundo que se cultiva e exige um treinamento. É o que, em outras palavras, o monge budista Matthieu Ricard chama de "treinamento da mente".

É fácil entender que, para falar um novo idioma, tocar um instrumento musical ou praticar um esporte, é essencial treinar. O mesmo vale para a atenção plena. O fato de treinar regularmente permitirá que você se conecte com esta qualidade de presença, mesmo (e principalmente!) nos momentos difíceis.

Ironicamente, é raro alguém se animar a treinar quando está se sentindo bem. Meditar? Que perda de tempo enquanto há tantas outras coisas a "fazer"! Porém, no meio do furacão, muitas vezes não temos mais nem energia nem forças para tanto. Treinar a atenção plena é se preparar, dia após dia, tecendo seu paraquedas, para o momento em que você precisará pular do avião a cinco mil metros de altitude.

Desenhe o seu próprio paraquedas.

"*O melhor momento para praticar é... agora.*"
Thich Nhat Hanh

Estudos científicos sobre a atenção plena

Os programas de treinamento para alcançar a atenção plena já foram aprovados por inúmeros estudos científicos. Estes últimos divulgaram resultados muito animadores no que diz respeito ao sistema imunitário, alívio de dores crônicas, tratamento da ansiedade ou recaídas de depressão.

Ao contrário do que se acreditou durante muito tempo, o cérebro continua apresentando "plasticidade" mesmo na idade adulta. É uma notícia revolucionária: treinando, podemos influenciar e modificar a nossa arquitetura cerebral, no intuito de aumentar o nosso bem-estar e qualidade de vida.

Estudos realizados – principalmente sobre monges budistas, que passaram por um exame de ressonância magnética cerebral enquanto estavam em plena meditação – revelaram visíveis alterações nas regiões do cérebro associadas à memória, consciência de si, empatia e estresse. Mesmo em sujeitos que haviam simplesmente treinado a meditação

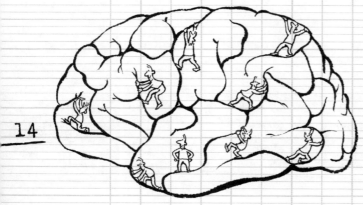

de atenção plena durante dois meses e meio, as alterações já eram perceptíveis.

Uma rã na panela

Dizem que, se mergulharmos uma rã em uma panela de água fria e levarmos a água à ebulição de forma bem progressiva, a rã se adapta, entorpece-se, acostuma-se com a temperatura e acaba cozida... Se, ao contrário, a pobrezinha for mergulhada subitamente na água fervendo, ela escapa dando um salto e salva a própria pele (e a própria vida!).

O que acontece conosco? Mergulhados no banho da vida, a que ponto temos consciência das alterações de temperatura ou de nível da água?

Afinal, esta metáfora levanta uma questão: Estamos nós entorpecidos por um conforto material sedutor? Condicionados por hábitos bem arraigados?

Se sim, até que ponto? Quais são as consequências disso na nossa presença para a vida?

15

Treinar a sua consciência e ampliar a sua capacidade de prestar atenção é abraçar a oportunidade de estar presente para a vida. A cada instante.

Exercício 3: Tomar consciência das posições do seu corpo

Tome consciência da sua posição agora. Não a modifique imediatamente. Se estiver sentado(a), tome consciência das partes do seu corpo que estão tocando o assento e o chão. Há zonas de tensão no seu corpo? Várias vezes por dia, quando estiver sentado(a), observe e tome consciência da sua posição.

Atenção plena ao seu corpo

Um dos elementos mais úteis para se conectar com o presente é, incontestavelmente, o seu próprio corpo. Por quê? O corpo humano é um suporte de prática muito acessível e disponível: ele está sempre conosco!

Retomando um termo utilizado em budismo, nosso corpo é nosso "veículo" na viagem da vida. Pois bem, geralmente, é quando ele nos faz sofrer que resolvemos nos conectar a ele. Vamos aprender a entrar em contato com o nosso corpo e realmente habitá-lo em todos os momentos.

Se permanecermos desligados das nossas sensações, não conseguiremos perceber a tempo o impacto que o mundo exterior provoca em nós. Portanto, aprender a se reconectar com o seu próprio corpo é essencial para a sua qualidade de vida!

Pequeno teste sobre o corpo humano

a. Qual é o peso médio da cabeça (considerando um homem que pesa + ou – 70kg)?
2kg – 5kg – 8kg – 16kg
b. Qual é a porcentagem de água na nossa massa corporal?
5% – 10% – 40% – 60%
c. Nossa pele é um órgão muito importante. Qual é a extensão (média) dela?
0,5 m² – 1m² – 2m² – 5m²

Respostas: a. 5kg; b. 60%; c. 2m²

Exercício 4: Escaneamento corporal

Um dos exercícios básicos dos ciclos de treinamento para alcançar a atenção plena se chama "body scan", traduzido em português como "escaneamento corporal". O objetivo é fazer a pessoa entrar (novamente) em contato com seu corpo de forma global e fixá-la no momento presente. Este exercício geralmente se pratica deitado. Sugiro a você praticá-lo do jeito que você estiver e no lugar em que você estiver. Arrume uma posição confortável. Tome consciência do seu corpo, do seu peso, da sua estabilidade no chão e da sua posição no espaço. Tome consciência também da sua respiração, do ar que você está inspirando e expirando.

Reserve um momento para sentir as zonas de contato do seu corpo: se estiver sentado(a) em uma cadeira, sinta as partes que estiverem em contato com a cadeira (nádegas, costas, os pés no chão). Se estiver deitado(a) na cama ou em um parque, o ponto de contato com o lençol, a grama...

Visite cada parte do seu corpo sem fazer nenhum juízo de valor, como se você fosse um visitante externo que tivesse vindo passear nele e estivesse descobrindo o lugar pela primeira vez. Imagine que você seja uma formiguinha e comece a viagem a partir dos dedos do pé esquerdo. Concentre-se em cada um dos dedos do pé, nas sensações que podem estar presentes neles: contato entre os dedos, temperatura ou qualquer outra sensação. Em seguida, dirija a sua atenção para a planta do pé, o calcanhar, o peito do pé... Preste atenção nas mínimas sensações. Depois, vá para o tornozelo, a parte inferior da perna esquerda, a panturrilha, a canela, o joelho e assim por diante. Faça tudo isto com calma (uma formiga sempre anda devagarzinho!). Tome consciência de cada parte do seu corpo sucessivamente, uma após a outra: parte superior da perna esquerda, depois vá para o pé direito, perna direita, quadril, costas, barriga, peito, dedos, mãos, braços, ombros, pescoço, cabeça e rosto. Sinta a sua respiração no corpo inteiro, observe como as sensações vão se transformando.

Utilize o desenho como auxílio para descrever as suas sensações. Após o exercício, pinte a silhueta. Use cores que ilustrem seus sentimentos: vermelho para o calor, azul para o frio, marrom para uma sensação de peso, laranja para leveza, tracinhos para coceiras, pontinhos para formigamentos...

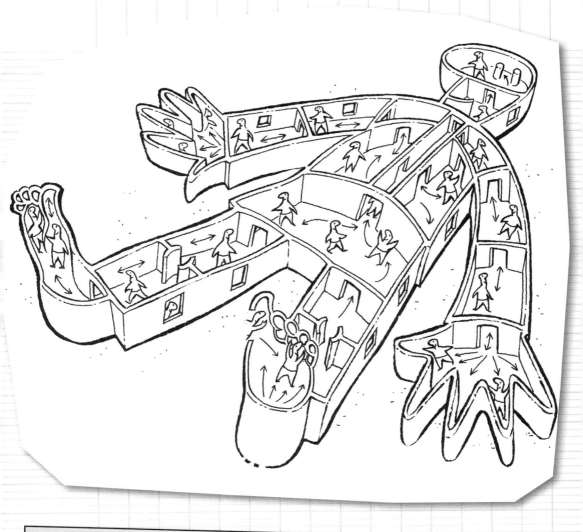

"Olhe bem no fundo de si mesmo e veja mil regiões da sua alma que ainda estão por descobrir. Percorra-as e torne-se especialista em cosmografia-de-si."

Henry David Thoreau
(filósofo e poeta americano, 1817-1862)

Se estamos respirando, é porque estamos vivos!

Nossa respiração é um ótimo meio de voltar ao presente. Companheira de sempre, desde nosso primeiro chorinho até nosso último suspiro. Ela varia dependendo do nosso humor: mais ampla ou mais ofegante, mais lenta ou mais rápida, de acordo com o nosso grau de relaxamento ou estresse. O fato de nos concentrarmos na nossa respiração faz com que nós mergulhemos no aqui e agora.

Exercício 5: Voltar ao presente prestando atenção na respiração

Preste atenção no movimento do ar na entrada do seu nariz: o ar entrando e saindo das suas narinas.
Preste atenção nas sensações da sua barriga quando o ar entrar e sair dos seus pulmões.
Coloque a mão na sua barriga para acompanhar o movimento da respiração.
Preste atenção em todas as sensações físicas que acompanham a respiração.
Sua mente logo será invadida por pensamentos. No momento em que você se der conta disso, traga sua atenção de volta para a sua respiração de forma bem tranquila.
O objetivo não é controlar a sua respiração nem dominar os seus pensamentos, mas simplesmente fazer com que você se reconecte com a experiência do momento presente.

Exercício 6:

Indique no desenho abaixo quais são as diferentes partes do corpo em que podemos sentir a nossa respiração. Desenhe o que se mexe e como se mexe!

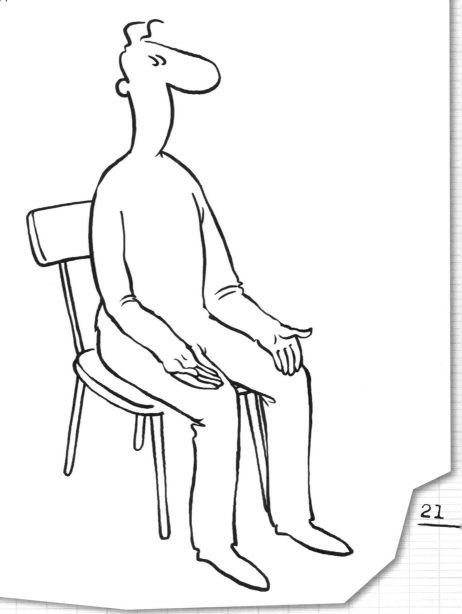

Assim como um macaco pulando de galho em galho

Nossa mente tem tendência a vagar constantemente de um pensamento para o outro, e com frequência nós a seguimos. Assim como um macaco se balançando e se atirando de um galho para o outro, nossa "máquina de pensar" é insaciável e está sempre disposta a se pendurar em todos os estímulos possíveis. Pois bem, sem acalmar a mente, é quase impossível conseguir se concentrar.

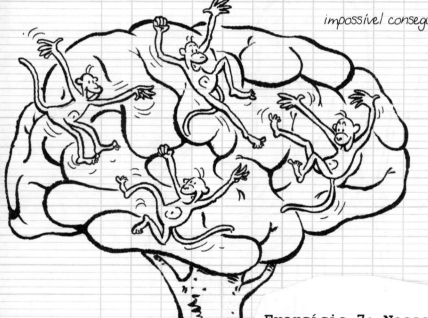

Exercício 7: Nossos pensamentos
Observe o desenho, sem pensar em nada além dele durante 4 minutos e 30 segundos. Anote quantas vezes você foi levado(a) para longe pelos seus pensamentos.

> "A mente vive em um círculo vicioso. Ela própria cria os problemas e, em seguida, tenta resolvê-los."
> Swami Prajnanpad

Viagem de ida e volta ao país dos pensamentos

Nosso cérebro é uma maravilhosa máquina de pensar, prever e imaginar. Excelente criado, ele se revela também um péssimo amo quando permitimos a ele tomar o controle das nossas vidas e pensamentos. **Você lembra, por exemplo, quantas vezes já ficou ruminando uma briga ou preparando um discurso importante até nos seus sonhos?**

Complete as palavras que descrevem o que a mente faz bem:

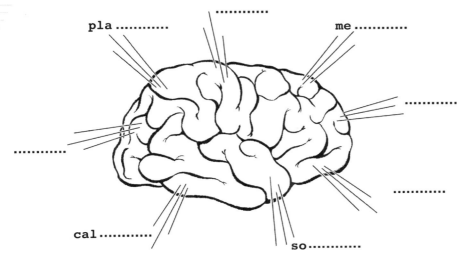

pla............
me............
....
cal............
so............

Respostas: Planejar, calcular, sonhar, memorizar.

Treinar alcançar a atenção plena nos permite domesticar a nossa máquina de pensar, fortalecendo nossa capacidade de prestar atenção. Por que isso é importante? Um exemplo: você está lendo este caderno de exercícios. Talvez esteja sentado(a) em um ônibus, deitado(a) no seu jardim, com crianças ou sozinho, em um ambiente calmo ou agitado. **Quantas vezes você já interrompeu a sua leitura desde o início desta página? Quantas vezes você já releu a mesma palavra ou a mesma frase?**

Inevitavelmente, nossos pensamentos nos fazem viajar para longe: através de lembranças (boas ou ruins), divagações, "afazeres"... E isto acontece quanto mais tentamos nos concentrar (ler um relatório, revisar a matéria da aula...). É normal, pois é assim que a nossa mente funciona. Então, vamos pegar carona nos nossos pensamentos alegremente – acima de tudo, não vamos tentar detê-los!

A verdadeira arte da atenção plena consiste em nos darmos conta de que "viajamos", sendo levados pelos nossos pensamentos, e em "voltarmos", reconectando-nos sensorialmente com um alvo de atenção (por exemplo, nossa respiração). A capacidade de prestar atenção - isto é, a conscientização da nossa distração - é o começo da viagem de volta.

Exercício 8: Vivenciar com atenção plena uma atividade comum

Escolha uma atividade cotidiana "banal", como, por exemplo, escovar os dentes, tomar banho, lavar a louça... Tome a decisão de efetuar a atividade em questão com plena atenção durante uma semana. Depois, troque de atividade na semana seguinte.
- Exemplo: escovar os dentes
Observe como você está segurando a escova de dente. Preste atenção no gosto da pasta de dente e na textura das cerdas da escova. Observe o quão difícil pode ser ficar, nem que seja três minutinhos, "a sós" com a sua escova de dente. Se a sua mente levar você para longe, volte para a escova.
Anote:
- Você demorou quanto tempo para pensar em outra coisa?
- Quantas vezes você "viajou" (ou seja, pensou em outra coisa)?

Exercício 9: Complete a lista das atividades que você pode realizar com atenção plena e escolha uma por semana

- Escovar os dentes
- Tomar banho
-
-
-

> *"Trate de acolher o mundo antes de ter a pretensão de pensá-lo."*
> Christophe André

Julgar ou observar?

A atenção plena nos incita a observar os acontecimentos sem julgá-los. Observar sem julgar é assumir o papel de um pesquisador cujo laboratório ficaria... entre suas duas orelhas. É observar com curiosidade e sem expectativa.

De modo (quase) automático, costumamos analisar as situações, experiências e pessoas que encontramos, categorizando, comparando e julgando todas elas. Muitas vezes, não é apenas **uma** análise, mas sim **dez** que o nosso cérebro coordena ao mesmo tempo. Além de consumir energia, isto diminui a nossa capacidade de estarmos presente. A consequência deste automatismo também é restringir as possibilidades de reagirmos à situação de maneira apropriada.

Observar uma situação tal como ela é, sem julgá-la, abre um novo espaço de liberdade, liberdade esta que se mostra uma excelente ferramenta para decidir, por exemplo, se uma ação ou comportamento é adequado ou não.

Exercício 10: Observar nossa tendência a julgar

Coloque-se na frente do espelho e observe o seu rosto. Descreva-o da maneira mais objetiva possível. Não é fácil, né? Estamos tão acostumados a julgar, começando com nós mesmos!
Anote cada um dos julgamentos que tiverem passado pela sua cabeça e volte a fazer uma descrição, uma observação.

Exercício 11: Distinguir julgamentos e observações

Indique se as frases a seguir transmitem uma observação **O** ou um julgamento **J**:

Meu vizinho não gosta mesmo de mim.	
Ontem, cruzei com meu vizinho na rua, e ele não me cumprimentou.	
Eu sou gorda demais.	
Esse cachorro é muito bravo.	
A árvore que fica no meio do meu jardim mede 3,5 metros.	
As pessoas não são nem um pouco generosas nas cidades grandes.	
Eu peso 95kg.	
Quando escutei o cachorro latir, senti meu coração bater mais rápido.	
A árvore é realmente enorme.	
Eu fui muito idiota durante a reunião.	
Quando perguntei que caminho eu devia tomar nesta cidade, a pessoa que eu abordei não me respondeu.	
Durante a reunião, eu não fiz nenhuma pergunta.	

Respostas:
1, 3, 4, 6, 9 e 10 = J; 2, 5, 7, 8, 11 e 12 = O

Nossos pensamentos não são a realidade

Nossos pensamentos e emoções estão intimamente ligados. Um pensamento (sobre um acontecimento doloroso ou desagradável) pode favorecer uma emoção dolorosa (como a ansiedade). Um estado de ansiedade também pode, ao contrário, dar origem a pensamentos negativos. Outra particularidade dos nossos pensamentos é que, muitas vezes, eles são automáticos e repetitivos. Para praticar a atenção plena, podemos aprender a nos liberar da escravidão com relação aos nossos pensamentos. O objetivo não é eliminar ou substituir certos pensamentos por outros. O fato de treinar a mente nos ajuda a considerar o que, no fundo, os pensamentos realmente são: apenas pensamentos.

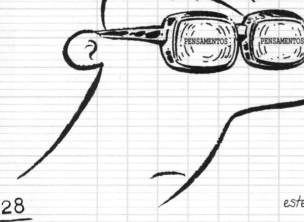

É uma coisa óbvia, mas nunca pensamos nisso: o que causa problema não é tanto o pensamento negativo (p. ex.: "Ninguém gosta de mim"), mas sim o hábito de levar este pensamento muito a sério, como se fosse um fato ou uma realidade. Em vez de reagirmos aos nossos pensamentos, podemos aprender a decidir quais comportamentos vamos adotar.

Exercício 12: Top 5 dos nossos pensamentos dolorosos

Anote quais são os cinco pensamentos negativos que mais ocupam a sua mente. Em seguida, aprenda a reconhecê-los o mais rápido possível. Olha só, lá vem o meu pensamento n. 2 ("É tudo culpa minha")! Ah, veja bem, é o meu pensamento n. 1 ("O mundo é realmente horrível") que está chegando! O fato de identificar quando eles estão surgindo e observá-los nos dá a oportunidade de tomarmos distância deles e, portanto, diminuirmos um pouco o poder que eles exercem sobre nós.

Meu Top 5
1. ....
2. ....
3. ....
4. ....
5. ....

Você também pode simplesmente se sentar, pegar uma folha de papel e anotar durante cinco minutos todos os pensamentos que passarem pela sua cabeça.
Meus pensamentos:
....
....
....
....
....

O corpo vivencia, a mente descreve

Você já tentou ligar para um número de telefone usando luvas? Tente, você vai ver como é difícil... Será que sentimos o mesmo contato entre os pés e o chão quando andamos descalços ou com botas pesadas?

Ao substituir julgamentos por descrições sensoriais mais exatas, o treinamento para alcançar a atenção plena nos permite compreender melhor as diferentes facetas das nossas experiências.

Preencha o quadro abaixo uma vez por semana com acontecimentos que, de acordo com as suas lembranças, você tenha considerado como desagradáveis.

Experiência	Você prestou atenção na experiência no exato momento em que ela ocorreu?	Descreva a experiência	O que você sentiu no seu corpo?	Que emoção se manifestou?	Que pensamentos passaram pela sua cabeça?
Experiência 1 Você recebeu um e-mail de uma pessoa que o(a) tinha magoado havia pouco tempo.	Sim		Tensão no corpo inteiro, opressão no peito, respiração ofegante.	Nervosismo, raiva, tristeza, preocupação.	"Por que ela fez isso comigo?" "Quando será que ela vai me deixar em paz?"
Experiência 2					
Experiência 3					
Experiência 4					

Experiências dos cinco sentidos

Outra maneira de enriquecer a sua experiência é se conectando com os seus sentidos.

O tato

Talvez seja com este sentido que é mais fácil se conectar. Às vezes esquecemos que a pele é o órgão mais extenso do nosso corpo!

Concentre-se em três sensações: na próxima vez em que você tomar banho, esteja totalmente presente à sensação da esponja na sua pele, da água escorrendo ou ainda da espuma na sua pele.

A audição

Somos constantemente estimulados por uma quantidade impressionante de sons, mas em quais deles realmente prestamos atenção em meio a essa barulheira toda?

Preste atenção em **três barulhos do ambiente**: no ventilador, no latido de um cachorro e no ranger da cadeira quando você troca de posição. Sem julgar nada, escute e deixe a experiência se produzir. Se alguns pensamentos vierem à tona, pense em comprar sua passagem de volta!

A visão

Sem dúvida você já experimentou percorrer a pé um caminho que costuma fazer de carro. Qual não é, então, o seu espanto ao descobrir tantas coisas novas e detalhes inéditos que você nunca havia percebido antes!

Preste atenção em **três objetos** ao seu redor e observe-os de forma minuciosa, como você os estivesse vendo pela primeira vez, envolvendo-se totalmente nesta experiência.

O olfato

É um sentido muito poderoso e que nós utilizamos pouco. Com frequência, catalogamos um cheiro como "gostoso" ou "fedorento".

Tente sentir **três cheiros** distintos ao seu redor, identificando e descrevendo um de cada vez. Você verá que logo lhe faltarão adjetivos.

O paladar

Assim como o olfato, o paladar tem o poder de nos afastar rapidamente do momento presente: todos os franceses conhecem a madeleine do Proust[4]. Costumamos dizer que são necessárias dez tentativas antes de poder dizer se uma criança gosta ou não de um alimento. Muitas vezes, os pais preparam o alimento de uma forma diferente, incorporando a uma sopa, batendo no liquidificador, cozinhando ou servindo cru. As astúcias às quais eles recorrem de modo natural servem simplesmente para evitar que a máquina de pensar da criança categorize e rejeite o alimento de maneira racional, e não pela experiência do presente.

Agora está na sua vez de tentar provar novamente **três alimentos** de que você não gosta. E lembre-se: dez vezes!

33

---

4. No romance *Em busca do tempo perdido*, do escritor francês Marcel Proust, o narrador ativa as reminiscências de sua infância ao comer um bolinho em formato de concha chamado "madeleine". O gosto deste bolinho evoca, para ele, muitas lembranças do passado [N.T.].

> *"Reconheci minha felicidade pelo barulho que ela fez ao ir embora."*
> Jacques Prévert

O gostinho fora do comum dos momentos comuns

Por que tantas vezes esperamos viver um momento difícil para percebermos a que ponto estávamos nos sentindo bem antes?

Os seres humanos têm uma extraordinária capacidade de se adaptar a todas as situações. Quando algo ruim acontece, a maioria se adapta e readquire, após um certo tempo, um nível de bem-estar equivalente ao de antes. Infelizmente para nós, o mesmo vale para a felicidade. É o que chamamos, em nosso jargão, de "adaptação hedonista". Mal olhamos de manhã para o homem ou a mulher com quem convivemos todos os dias... Acabamos nos cansando do carro que compramos há dois anos, sendo que sonhávamos tanto com ele naquela época... É este processo que está operando ali. Em nossa sociedade de consumo, tudo é feito para nos influenciar nesse sentido: "fazer" mais, comprar mais, consumir mais.

A capacidade de estar presente e saborear os pequenos instantes e experiências simples do cotidiano é, no entanto, uma das características mais fundamentais das pessoas felizes.

Saborear

A atenção plena nos ensina a evitarmos perder os mil pequenos prazeres da vida... Veja a seguir alguns exemplos:

- O calor do Sol na pele (com protetor e moderação, é claro!).
- As cores e cheiros das frutas e verduras na feira.
- A felicidade de abraçar uma pessoa que amamos.

> "O rouxinol!
> De cem pessoas,
> quantas o notam?"
> Ryokan (monge e poeta japonês, 1758-1831)

Lista de coisinhas simples que fazem bem

Toda experiência é muito mais rica do que aquilo que guardamos dela. Vejamos o caso do chocolate: Você já contou as etapas do trajeto desde que o pacote é arrumado na despensa até o aroma invadir o seu paladar quando um pedacinho derrete na sua boca? Vamos embarcar nessa viagem: esteja presente quando o seu corpo andar até o armário, os seus dedos abrirem o pacote, a sua mão aproximar o chocolate dos seus lábios...

Todo dia, descreva uma experiência positiva, tentando se expressar com o máximo de exatidão possível:

Experiência	Você prestou atenção na experiência no exato momento em que ela ocorreu?	Descreva a experiência	O que você sentiu no seu corpo?	Que emoção se manifestou?	Que pensamentos passaram pela sua cabeça?
Experiência 1 Um chopp com um amigo	Não totalmente... (durante um momento, fiquei pensando em um trabalho que eu não tinha terminado)	Leve amargor do chopp, temperatura gelada...	Descontração, relaxamento dos ombros	Contentamento, alegria	"É tão bom passar um momento agradável!"
Experiência 2					
Experiência 3					
Experiência 4					

Previsão do tempo interior

Muitos de nós consultam a previsão do tempo antes de começar o dia. Este hábito permite se adaptar ao tempo que vai fazer durante o dia e se vestir de acordo com a previsão. Assim como o tempo, o seu moral é variável. A grande diferença é que ninguém, a não ser você mesmo, pode fazer nenhuma previsão para o dia.

Você costuma tirar um tempinho, fazer uma pausa e observar o seu céu interior? Ficar à espreita e escutar a sua previsão meteorológica interior permite aceitar e compreender melhor o que você está vivendo. Assim, você dispõe de meios para adaptar seus comportamentos da melhor forma possível, em vez de se deixar dirigir pelos seus automatismos.

Exercício 13: Três minutos de previsão do tempo interior

Este exercício engloba três partes, cada uma com duração de cerca de um minuto. Ele permite fazer um balanço do que está acontecendo dentro de você e acompanhar a sua "meteorologia interior", no intuito de fazer com que você esteja mais presente.

1ª PARTE

Faça a si mesmo(a) a seguinte pergunta: "O que está acontecendo dentro de mim agora?" Esteja onde você estiver, preste atenção nas suas sensações corporais. Em seguida, observe o seu estado mental: Estão passando pensamentos pela sua cabeça? Quais? Que emoção está se manifestando agora?

2ª PARTE

Preste atenção na sua respiração. Concentre-se na respiração na zona do abdômen. Pode ser que seus pensamentos o(a) levem para longe. De forma simples e lenta, traga sua atenção de volta para sua respiração.

3ª PARTE

Preste atenção em todas as suas sensações. Dos pés à cabeça. Um pouco como se o corpo fosse uma única célula respirando. Qual é a expressão do seu rosto? Conecte-se com todos os seus sentidos. O que você está ouvindo? Quais são as formas e cores do mundo ao seu redor? Restabeleça uma ligação com o mundo. Você está aí, bem presente, pronto(a) para agir ou não fazer nada, dependendo da sua vontade!

Fazer amizade consigo mesmo

Praticar a atenção plena não é fácil, principalmente no início. Observar suas próprias sensações, emoções e pensamentos não é evidente. Algumas vezes, você pode até pegar no sono!

Você provavelmente se sentirá às vezes frustrad(a) e desanimad(a) por não conseguir se concentrar ou porque seus pensamentos dominarão a sua mente. Em tais momentos, você talvez seja muito dur(a) consigo mesm(a): "Eu sou muito idiota!", "Eu não consigo mesmo me concentrar, não tenho o menor dom para meditar". O importante não é saber de onde vem a sua severidade, mas sim aprender a transformá-la em suavidade e bondade.

No meio acadêmico, esta atitude é chamada de "autocompaixão" ou "compaixão para consigo mesmo". Ela consiste em adotar um comportamento bondoso e compreensivo consigo mesmo nos momentos difíceis (fracassos, sofrimentos). Sugiro que você a assimile ao máximo em todos os exercícios deste caderno.

39

Exercício 14: Olhar para si mesmo com bondade

Repita o exercício do espelho apresentado na página 27. Coloque-se na frente do espelho e observe o seu rosto. Quando pensamentos de julgamento ou comparação surgirem na sua mente, observe-os e torne a explorar a paisagem do seu rosto, como se você fosse uma formiguinha. Descreva a si mesmo(a) com gentileza e bondade.

> *Pergunta: "Qual é a postura certa para meditar?"*
> *Resposta: "A única posição certa é a que for confortável."*
> Edel Maex[5]

O sorriso interior

Sente-se confortavelmente, relaxe o seu maxilar inferior e abra a boca ligeiramente.
Observe a sua respiração até ela ficar bem suave.
Quando você sentir que o seu corpo estiver relaxado, comece a sentir um leve sorriso.
Não um sorriso que comece nos lábios, mas sim um sorriso vindo de dentro.
Como se todo o seu ser estivesse sorrindo suavemente.
Como se a sua barriga estivesse sorrindo e, a partir dali, o sorriso fosse iluminar suavemente o seu corpo inteiro.
Simplesmente ali, delicado, mas bastante presente.

A qualquer momento do dia ou na hora em que você sentir necessidade, faça uma pausa e reconquiste esse sorriso.

---

5. Edel Maex trabalha como psiquiatra no hospital ZNA Middelheim, em Anvers, na Bélgica, onde há anos ele dá cursos de atenção plena.

Abrir-se para o desconhecido

Já vimos que o primeiro suporte "natural" da atenção plena é o nosso corpo. Em segundo lugar, com um pouco mais de experiência, é, afinal, o mundo inteiro que se torna um suporte.

Exercício 15: Observar a sua experiência do jeito que ela vier

Permaneça simplesmente sentado(a), ficando atento(a) e receptivo(a) a tudo o que se apresentar a você. Observe com curiosidade e não se focalize em nada. Observe como a sua mente está acostumada a ter objetivos e expectativas. Pensamentos, sensações e emoções podem surgir, ocupar espaço e depois desaparecer. Permaneça totalmente atento(a) e, ao mesmo tempo, disposto(a) a acolher e ter bondade com o que surgir na sua mente.

"Apenas uma mente que se livrou do universo conhecido é criadora."
Jiddu Krishnamurti

Atenção plena ao comer

Quando foi a última vez em que você realmente saboreou a sua refeição? No final de um bom jantar, você seria capaz de avaliar o que você comeu, dizer se repetiu ou não o prato e, se for o caso, quantas vezes?

Com frequência, engolimos o que comemos. O estresse, a agitação ambiente e a quantidade de tarefas por concluir nos levam a fazer outras coisas ao mesmo tempo: consultar o e-mail, participar de uma reunião, assistir à televisão, andar... Porém, será que realmente ganhamos tempo?

Pode acontecer também de nós utilizarmos a comida como reação automática a um desconforto emocional. Em uma situação de ansiedade ou estresse, tomar um ou vários tragos, comer em excesso e todos os outros comportamentos do tipo têm repercussões no nosso bem-estar a médio e longo prazo.

Um dos primeiros exercícios (dentre os mais famosos) dos ciclos de treinamento para alcançar a atenção plena é o da uva-passa. Ele consiste em provar uma uva-passa com toda a calma, olhando-a atentamente, cheirando-a,

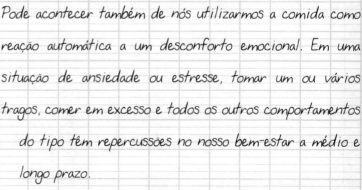

sentindo a textura dela... Para a maioria dos participantes, é uma total descoberta o fato de uma uva-passa tão pequenininha conseguir suscitar uma experiência tão intensa. Que tal tentarmos aplicar o mesmo a tudo o que comemos no cotidiano?

Quando você estiver comendo, apenas coma!

Comer com atenção plena é estar em contato com o que você estiver comendo, sem se distrair e, sobretudo, sem fazer mais nada ao mesmo tempo. Isto lhe permitirá desfrutar melhor do que você estiver comendo, além de ficar mais atent(d)a) às mensagens do seu corpo, evitando, por exemplo, comer compulsivamente ou em excesso.

Exercício 16: Trate de desfrutar do seu prato preferido, degustando-o bem devagar

- Antes de começar a comer, pare um minutinho e respire.
- Observe o seu prato atentamente.
- Sinta o cheiro dele antes de colocar uma garfada na boca.
- Determine calmamente a textura e prove o sabor da comida antes de engolir.
- Preste atenção em todas as suas sensações neste instante.

Vamos aprender a andar, assim como uma criança...

"*O verdadeiro milagre não é andar sobre as águas, nem voar pelos ares: é andar no chão*", já dizia o sábio Houei Neng.

Olhe uma criança andando ou rememore os primeiros passos de um bebê. Admire a maneira como eles colocam um pé na frente do outro, como se esforçam para dominar o equilíbrio, a força muscular que mobilizam, a coordenação motora e concentração deles, mas também o espanto, a satisfação, a alegria que demonstram...

Como já estamos acostumados a colocar um pé na frente do outro há muito tempo, hoje temos mais tendência a correr do que andar. Até quando saímos para passear, raramente estamos presentes, pois ficamos perdidos em pensamentos, conversas... Andar de forma consciente consiste em prestar total atenção no processo de andar no exato momento em que você estiver andando.

44

Exercício 17: Andar com atenção plena

Encontre um lugar em que você possa andar à vontade, sem medo de estar sendo observado(a). Se o dia estiver ensolarado, você pode tentar a experiência descalço(a) em um jardim ou parque, o que facilitará as coisas e colocará você em contato com as suas sensações.

Em pé, tome consciência do peso do seu corpo e do chão embaixo dos seus pés. Observe a sua postura. Alterne o peso do seu corpo entre uma perna e a outra devagar. Em seguida, dê um passo para a frente, prestando atenção nos músculos solicitados e no seu equilíbrio. Esteja totalmente consciente da maneira como você encosta o pé no chão, da forma como o seu outro pé se levanta do solo e assim por diante. Aprecie a complexidade do movimento de uma simples caminhada! Sinta o ar no seu rosto e nos seus braços. Escute a sua respiração e os barulhos ao seu redor.

Esteja plenamente presente a cada passo, ande pelo simples fato de andar, sem nenhum outro objetivo nem destino.

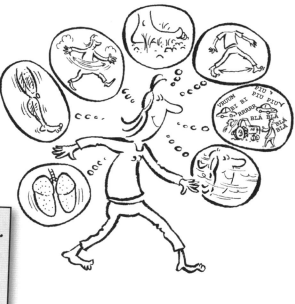

"Os homens já andaram na Lua. Está na hora de eles aprenderem a andar na Terra..."
Anônimo

Pare um instante. Você já ia virar a página **de maneira automática**, né? **Observe** e efetue o movimento com atenção plena.

45

> Segure a minha mão, amigo,
> Venha, vamos andar juntos,
> Simplesmente andar.
>
> Saboreando nossos passos,
> Saboreando cada um dos nossos passos,
> Sem querer chegar a lugar algum,
> Vamos andar em paz.
> Vamos andar com felicidade.
> E acariciar a Terra com os pés, amigo,
> Vamos deixar nela as pegadas
> Do nosso amor e alegria.
>
> Quando cada um de nós
> Se sentir em segurança,
> A Terra será salva.
>
> Thich Nhat Hanh (monge budista vietnamita, nascido em 1926.)

Atenção plena e natureza

Instintivamente sabemos que a natureza proporciona efeitos benéficos para a nossa saúde. Os efeitos calmantes da natureza no nosso organismo foram confirmados por uma série de estudos científicos recentes. Meia hora de caminhada lenta em uma floresta provoca um efeito que pode ser avaliado cientificamente sobre os sinais de estresse como, por exemplo, o aumento da nossa pressão arterial.

> "A natureza cuida do seu bem-estar a cada instante.
> Ela não tem outra finalidade. Não resista a ela."
>
> Henry David Thoreau
> (filósofo e poeta americano, 1817-1862)

Exercício 18: Caminhar em uma floresta com atenção plena

Reserve um momento, logo antes de começar a andar, para tomar consciência do seu corpo e da sua respiração. Em seguida, tome consciência de cada um dos seus passos. Preste atenção em todas as sensações: a casca de uma árvore, o canto de um passarinho, a cor de uma folhagem, a beleza de uma flor... Você consegue observar tudo sem "colar" nenhuma etiqueta mental no que estiver vendo? Observe como a sua mente pode viajar para longe e depois regressar, quando você a trouxer de volta para uma experiência sensorial específica (cor, forma, perfume...). Preste atenção na multiplicidade de sensações que se produzem ao mesmo tempo...
De vez em quando, faça uma pausa e observe os detalhes: o minucioso trabalho de uma formiga, os leves pulinhos de um mico, as nuvens mudando de forma no céu etc.

Enfrentar as tempestades da vida

> "Uma mente clara permite enxergar os problemas da vida de maneira mais clara."
> Jon Kabat-Zinn

Apesar das promessas de certos gurus, não existe solução fácil e duradoura para todos os nossos problemas. As dificuldades fazem parte da vida, e a felicidade é um caminho sem sofrimentos.

47

Pois bem, no mundo atual, muitos pensam que, para ser feliz, é preciso fugir da dor, ignorar as emoções negativas e esquecer o que nos faz padecer. O negócio é que evitar os problemas não somente não resolve nada, mas, no fundo, acaba complicando a situação.

Encarar os problemas é, ao contrário, a melhor maneira de resolvê-los eficientemente. Para conduzir um barco em pleno dilúvio, o melhor é identificar de onde está vindo o vento e orientar bem a vela. Contra o vento, não conseguimos avançar (é uma luta); na direção do vento, é ele que nos dirige (é uma fuga). Aprender a navegar entre estes dois movimentos é, afinal, o

que a atenção plena sugere a você. Não podemos controlar a tempestade, mas podemos conduzir o nosso barco.

Exercício 19: Tratar as suas feridas

Pense em uma situação difícil, que carregue uma emoção dolorosa. Em vez de se debater, fugir, procurar distrações, ficar ruminando ou combatê-la, observe com curiosidade o que estiver acontecendo. Permaneça simplesmente com a sensação que surgir em você. Contemple-a com calma.

As estações

Assim como o caroço precisa rachar
para que o miolo da fruta fique exposto ao Sol,
você precisa conhecer a dor.
Se você soubesse manter o seu coração maravilhado
diante dos milagres cotidianos da sua vida,
sua dor não lhe pareceria menos maravilhosa do que sua alegria.
Você aceitaria as estações do seu coração,
assim como sempre aceitou as estações do ano alternando nos campos...
E viveria com serenidade
durante os invernos das suas tristezas.

Khalil Gibran (pintor e poeta libanês, 1883-1931)

Da reação à ação

Todo mundo conhece a função de "temporizador" das máquinas fotográficas. Ela dá dez segundos para a pessoa que apertou o botão voltar para o lugar dela e aparecer na foto. Sugerimos que você utilize as técnicas deste caderno um pouco como esse recurso. Se você um dia já disse ou fez alguma besteira (escreveu um e-mail de cabeça quente, insultou alguém...) e depois se arrependeu, sabe o quanto é constrangedor e demorado consertar as coisas. À imagem do temporizador da máquina fotográfica, a atenção plena permite a você parar, observar a sua experiência sem julgar nada e, em seguida, agir, em vez de reagir.

Exercício 20: Agir conscientemente

Permaneça onde você estiver durante cinco minutos. Prometa a si mesmo(a) que você não vai se mexer de maneira automática: nem para se coçar, nem para espantar uma mosca e nem para arrumar uma posição mais confortável.

SÓ VOU ME COÇAR SE EU DECIDIR ME COÇAR!

Se você sentir uma coceira ou cócegas em alguma parte do seu corpo, perceba o que acontece. Observe o impulso de se mexer e coçar. Não faça nada de imediato nem de maneira automática. Espere, depois decida se coçar, observando o movimento da sua mão. Se quiser, coce então o seu corpo conscientemente, de forma deliberada.

Tomar decisões

Sempre nos ensinaram que, para tomar uma boa decisão, era preciso refletir bem. Para fazer uma escolha, nada melhor do que a razão. Esta época já ficou para trás: hoje é comum admitir que as emoções têm enorme impacto nas nossas decisões. No entanto, diante das nossas emoções e em especial durante uma situação difícil, é justamente muito útil fazer uma pausa para observar o nosso mundo interior.

Conscientize-se de que você nunca terá certeza de ter tomado a decisão certa antes de constatar os resultados da mesma. Aqui, mais uma vez, sua capacidade de observar sem julgar lhe permitirá compreender melhor as suas experiências.

Exercício 21: Tomar decisões

Lembre-se de uma escolha que você tiver feito recentemente (por exemplo: uma nova compra, uma mudança de casa...).

- Você tomou a decisão de maneira automática ou consciente?
- Você estava "viajando", tendo sido levado(a) pelos seus pensamentos, sensações e emoções, ou estava consciente destes últimos na hora em que tomou a decisão?

- Você fez uma distinção entre os fatos e o que tinha mais a ver com suas interpretações e julgamentos?
- Você escutou a si mesmo(a) e deu atenção ao que lhe parecia mais certo?

Desapegar-se

Desapegar-se significa simplesmente parar de lutar e de se agarrar àquilo que você não pode mudar. Para conseguir se desapegar, é preciso, antes de tudo, saber ao que você está apegado(a). Parece fácil, mas não é tão simples assim. Além disso, o desapego não se controla, mas se produz quando paramos de lutar contra aquilo que não podemos mudar.

Exercício 22: A caminhada guiada

Embarque em um passeio de olhos fechados, sendo simplesmente guiado(a) pela mão de uma pessoa de confiança. Não diga nada, concentre-se apenas em todas as suas sensações. Observe suas tensões, resistências e medos (por exemplo: ao escutar um carro ou sentir o seu pé tropeçar em uma pedrinha). Mergulhe na experiência, conecte-se com os seus sentidos e aproveite o momento.

Exercício 23:

Feche bem forte o seu punho direito. Observe em que estado de espírito você fica. Depois, de forma bastante lenta, deixe a sua mão se abrir e experimente a diferença.

"Somos liberados pelo que aceitamos, mas permanecemos prisioneiros do que recusamos."
Swami Prajnanpad

Exercício 24: A mão que desenha sozinha

Pegue um pincel e molhe em tinta guache ou nanquim. Feche os olhos e respire. Encoste o pincel no meio da folha, concentre-se nas suas sensações e deixe o desenho "se desenhar". Deixe a sua mente viajar e voltar, no ritmo dos vaivéns do pincel no papel.

Oração da serenidade

*Que eu possa ter a serenidade
de aceitar as coisas que não posso mudar,
a coragem de mudar as coisas que posso mudar
e a sabedoria de enxergar a diferença entre elas.*

Segundo Marco Aurélio (121-180)

Restabelecer contato com os outros

Por estarmos todos conectados uns com os outros, é possível praticar uma forma de meditação de atenção plena que se chama "meditação da bondade amorosa" ("**loving kindness meditation**" ou "**metta**" em páli, língua indiana utilizada na época do Buda). Esta meditação consiste em cultivar qualidades de gentileza incondicional para com todos os nossos entes queridos e transformar nossos pensamentos de medo ou egoísmo em pensamentos de altruísmo e generosidade.

Ela recorre a palavras, imagens e sentimentos para gerar compaixão e amizade por si mesmo e pelos outros, sejam eles pessoas que amamos ou não, pessoas que conhecemos ou não.

Pesquisas científicas (em especial as da psicóloga americana Barbara Fredrickson) já comprovaram que esta prática provocava muitos efeitos positivos, tanto em termos de bem-estar quanto de apoio social.

Exercício 25: Meditação da bondade amorosa

Sente-se confortavelmente em um lugar tranquilo. Vá prestando atenção na sua respiração devagarzinho. Escolha uma pessoa pela qual você naturalmente nutre sentimentos afetuosos e positivos. Imagine a pessoa e sinta a presença dela. Você pode se imaginar envolvendo-a em uma nuvem de bondade e amizade. Você também pode mentalizar algumas frases para gerar tais sentimentos com mais facilidade:

> Que você seja feliz.
>
> Que você esteja livre de qualquer forma de perigo.
>
> Que você tenha saúde a vida inteira.
>
> Que você viva em paz.

Agora, substitua a pessoa pela sua própria imagem. Suscite os mesmos sentimentos por si próprio(a). Você pode pensar depois em outras pessoas e ampliar a meditação, incluindo seus amigos, vizinhos, colegas e até o conjunto dos seres vivos. Você também pode incluir pessoas com quem você costume enfrentar dificuldades, mesmo aquelas contra as quais você possa nutrir sentimentos de raiva, por exemplo. Sem dúvida, tais pessoas precisam ainda mais do que as outras ser curadas de sentimentos de medo, agressividade, rancor e ódio. Além disso, o mais importante é que, enviando amor para elas, você faz bem a si mesmo(a) em dobro. Esta prática pode se realizar em qualquer lugar: em engarrafamentos, no ônibus, no seu jardim ou na frente do computador. Ela proporciona um profundo sentimento de paz e bem-estar.

Pegue um pincel e copie a caligrafia da palavra **"metta"**, entrando em um estado de bondade amorosa.

Exercício 26:

Cole uma foto ou desenhe o rosto e escreva o nome de uma pessoa que você ama na primeira nuvem. Desenhe o seu rosto na segunda e o de alguém com quem você ache difícil se relacionar na terceira.

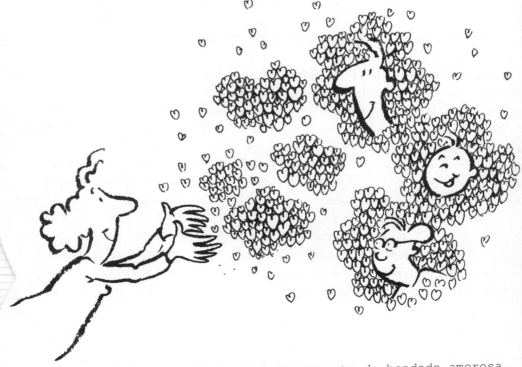

Agora, mande para elas um pensamento de bondade amorosa.

> "O amor ao próximo é como uma oração básica que ajuda a viver.
> Etty Hillesum[6]

Atenção plena ao se relacionar

Estabelecer uma ligação com os outros é um dos segredos da felicidade. É também uma das nossas maiores riquezas. Comunicar-se com os outros não é fácil, principalmente quando somos invadidos por emoções ou pensamentos, pois dessa forma não nos mostramos totalmente presentes. A meditação não é uma introversão: a capacidade de a pessoa se conectar consigo mesma lhe permite se conectar melhor com os outros.

Exercício 27: Atenção plena ao se relacionar

1) Escutar com atenção plena

Preste atenção na sua maneira de escutar. Observe em especial os diferentes impulsos possíveis: interromper o seu interlocutor, já pensar na resposta que você pretende dar ou divagar em pensamentos... É possível escutar sem concordar? Simplesmente escutar? Preste atenção nas suas sensações, na sua expressão facial e depois tome consciência da qualidade inerente ao som da voz do seu interlocutor: o timbre, a textura e a intensidade dela.

---

6. Esther "Etty" Hillesum (1914-1943) foi uma moça judia famosa por ter escrito, durante a Segunda Guerra Mundial, um diário íntimo (1941-1942) e várias cartas (1942-1943) no campo de trânsito de Westerbork.

2) Dialogar com atenção plena
Observe o seu impulso de falar e dizer alguma coisa. Observe a sua ansiedade para se expressar, se for o caso. Respire com atenção plena e depois tome a palavra. Observe o que acontece na sua mente e no seu corpo. Abra espaço para acolher a resposta.

Fazer ou ser?

> "A verdadeira descoberta não consiste em buscar novas paisagens, mas sim em mudar a maneira de olhar."
> Marcel Proust

Na maior parte do tempo, o mecanismo que nos move é um mecanismo de ação: o "fazer". É um mecanismo que funciona com objetivos, em direção de resultados. Neste mecanismo, nossa mente fica, na maior parte das vezes, no futuro ou no passado, avaliando, comparando e categorizando.

O mecanismo do "ser" funciona de forma diferente. Ele não tem outro objetivo a não ser permitir que a pessoa desfrute plenamente da experiência do momento. É um mecanismo que se vive no presente. No mecanismo do ser, nossa experiência pode se realizar por completo e manifestar toda a riqueza dela.

Exercício 28:

Na próxima vez em que você se encontrar diante de uma bela paisagem ou em uma situação que você adora (um pôr do sol, um jantar entre amigos...), obrigue-se a não tirar nenhuma foto. Mesmo se o momento em questão só for acontecer uma vez – e, neste caso, por isso mesmo –, esteja plenamente presente à paisagem ou situação. Para tanto, a atenção plena lhe será muito útil: observe sem julgar, com todos os seus sentidos, e simplesmente desfrute do instante. Saboreie a experiência por si só, sem expectativas nem exigências. Você verá que o momento se tornará ainda mais intenso.

"Quando não há mais nada a fazer, o que você faz?"
Koan Zen

Atenção plena no cotidiano

Não adianta nada largar a atenção plena em cima da almofada de meditação. Como você pode aplicá-la na sua vida e cultivá-la no cotidiano?

Veja alguns exemplos, desde quando você se levanta da cama de manhã até a hora de ir se deitar à noite:

➡ **Ao acordar,** observe a sua respiração e respire três vezes com atenção plena.

➡ **Durante o café da manhã,** coma - simplesmente coma. Preste atenção no que você estiver engolindo e acompanhe cada pedaço com atenção plena, saboreando o instante.

➡ **Quando você entrar no carro,** antes de girar a chave do contato, efetue três respirações com atenção plena. Faça o mesmo antes de sair do carro. Se pegar transporte público, não fique o tempo todo escrevendo mensagens, telefonando ou lendo um livro durante o trajeto. Tire um tempinho, nem que seja apenas três minutos, para olhar onde e como você está sentad(a), quem são as pessoas que estão do seu lado, além de escutar o barulho que está chegando aos seus ouvidos. Depois, mergulhe novamente nas suas atividades de forma consciente.

➡ **Antes de começar uma reunião de trabalho,** observe a sua postura, tome consciência das suas sensações e da expressão do seu rosto. Se surgir um momento de tensão, sinta-o e conecte-se com os seus pensamentos. Depois, deixe-os irem embora e volte a prestar atenção nas suas sensações.

➡ **Quando alguém ligar para você,** conte até cinco antes de atender (ou procurar) o seu telefone. Atenda conscientemente e escute.

➡ **Em uma fila de espera (supermercado, guichê...),** pratique a atenção plena com relação ao seu corpo: tome consciência dos seus pés, das suas sensações corporais e da sua respiração. Veja como esses momentos "perdidos" são transformados em momentos "vividos".

➡ **Antes de pegar no sono,** inspire três vezes profundamente e com atenção plena.

61

> *"Agora é o seu momento. O lugar em que você está sentado é o seu lugar. É nesse exato lugar e nesse exato momento que você pode despertar. Não é necessário se sentar debaixo de nenhuma árvore especial em nenhum país longínquo."*
> Thich Nhat Hanh

Conclusão: tudo começa agora

Você chegou ao fim deste caderno de exercícios de atenção plena. Na verdade, você está apenas no começo de uma experiência que vai durar para o resto da sua vida.

Pare um instante e respire...

Lembre-se de que a atenção plena não é um destino, mas sim um estado que deve ser vivido e revivido. Quanto mais você experimentá-lo, mais natural e benéfica a prática dele se tornará.

A atenção plena se cultiva e se mantém. Como já ressaltava Sócrates, aprender é relembrar. Quando observamos nossa experiência com atenção e bondade, descobrimos que <u>existimos</u> neste exato instante, com atenção plena. O movimento de retorno a si mesmo suscitado pela atenção plena leva o indivíduo a estabelecer uma conexão bondosa com os outros, a natureza e o mundo que o cerca. Vivencie o seu cotidiano de forma mais plena, de instante em instante. Perceba que você já está onde queria chegar. Boa sorte!

Informações e bibliografia

Um programa de oito semanas

O primeiro programa de treinamento para alcançar a atenção plena, com duração de oito semanas, foi elaborado por Jon Kabat-Zinn na Clínica de Redução do Estresse da Universidade de Massachusetts há mais de vinte anos. Na Europa, principalmente na França e na Bélgica, várias associações e profissionais oferecem ciclos inspirados nesse modelo[7]. Assim como em qualquer treinamento, é através da prática que se obtêm resultados – e isso se dá progressivamente. Em geral, os programas organizam reuniões de grupo toda semana, acompanhadas por exercícios individuais de 30 a 50 minutos por dia. Listamos abaixo alguns *links* de organizações que propõem tais cursos e divulgam informações:
Site da associação Émergences: **www.pleineconscience.be**
Site da associação de desenvolvimento da *Mindfulness*: **http://www.association-mindfulness.org/**
Site do Center for Mindfulness in Medicine, Health Care, and Society, criado originalmente por Jon Kabat-Zinn: **http://www.umassmed.edu/cfm**

Referências

ANDRÉ, C. *Méditer, jour après jour*. Paris: L'Iconoclaste, 2011.
KABAT-ZINN, J. *Coming to Our Senses*: Healing Ourselves and the World Through Mindfulness. Nova York: Hachette Books, 2006.
_____. *Aonde quer que eu vá*. Lisboa: Sinais de Fogo, 2000.
_____. *Full Catastrophe Living* – Using the Wisdom of Your Body and Mind to Face Stress, Pain, and Illness. Nova York: Hyperion, 1990.
KOTSOU, I. & HEEREN, A. *Pleine conscience et acceptation*: les thérapies de la troisième vague. Louvain-la-Neuve: De Boeck, 2011.
MAEX, E. *Mindfulness*: apprivoiser le stress par la pleine conscience. Louvain-la-Neuve: De Boeck, 2006.
NHAT HANH, T. *Para viver em paz* – O milagre da mente alerta. Petrópolis: Vozes, 2002.
RICARD, M. *A arte da meditação*. Barcarena: Presença, 2011.
ROSENFELD, F. *Méditer*, c'est se soigner. Paris: Les Arènes, 2007.

---

5. No Brasil, o Centro de Vivência em Atenção Plena, entre outros, oferece *workshops*, cursos e palestras sobre o assunto. Site oficial: http://www.atencaoplena.com/mindfulness-brasil/NSHome.html [N.T.]

Acesse a coleção completa em

livrariavozes.com.br/colecoes/caderno-de-exercicios

ou pelo Qr Code abaixo